AF143251

Les trois coups de bâtons

1er acte :

Promesse
Silence
Insomnie
Lundi matin
Pitié
Secret
Trahison
Déception
Regret
Violence
Temps
Solitude
Maladie
Folie
Mémoire
Oubli
Absence
Peur
Détresse
Suicide
Mort
Fatalité
Corps

Promesse

Promets-moi de tout lire
Promets-toi de tenir,
D'aller jusqu'au bout de ces pages
De finir mon ouvrage.

Peut-être te reconnaîtras-tu dans ces vers
Peut-être vais-je réussir dans cette œuvre
littéraire,
À te faire ressentir de grandes choses
Dans mes rimes en prose.

Moi je te promets la sincérité,
Je te promets qu'ils vont t'inspirer
Que je n'ai pas écrit pour rien
Que ce livre c'est le tien,

Ces poèmes je t'en fais cadeau
Je t'offre ce que j'ai de plus beau
Pour moi ce livre c'est une belle promesse
Celle d'une aventure qui n'aura de cesse.

Silence

Le silence est d'or
Quand tout le monde dort
Les bruits de la ville
Sont calmes et tranquilles

Les sons tout autour
Sont muets et sourds
Et rendent le silence si agréable
Après ce lundi détestable

Enfin posé dans mon lit
Je pense et je réfléchis
Qu'est-ce que je fais de ma vie ?
Un long silence est la seule chose qui survit.

Insomnie

L'insomnie me paraît ridicule
Elle est à la fois mon ennemi et mon ennui
Mais quand je la vois je perds tout recul
Impossible maintenant de dormir la nuit

Source de fatigue incessante
Malgré l'envie qui est pressante
La locomotive du sommeil est encore bien
lente
Alors je stimule mes rêves en attente

Peut-être arriveront-ils plus rapidement
Peut-être l'insomnie partira-t-elle sans perdre
de temps
Enfin je rentre dans un rêve bien présent
Dommage que l'aube n'ait pas de retardement.

Lundi matin

Ce matin encore le bus est plein
Le vent qui nous rappelle que l'hiver revient
Le vent qui nous glace les mains
La déprime du lundi matin

Je vois par la fenêtre les feuilles mortes
La lumière des phares des gens en retard
Encore un arrêt, que s'ouvrent les portes
Les lundis matin ne sont plus un hasard

Les cheveux en bordel voilà mon arrêt
Je descends du bus et me noie dans la foule
Le bus repart et continu son trajet
Chaque lundis matin de ma vie s'écroulent.

Pitié

Aie pitié de ton existence
Aie pitié de ton essence
Aie pitié de ta naissance
Aie pitié de ta conscience
Aie pitié de ton importance
Aie pitié de ton enfance
Aie pitié de ton absence

Aie pitié des êtres
Aie pitié de tes ancêtres
Aie pitié des traîtres
Aie pitié des maîtres
Aie pitié des lettres
Aie pitié des astres
Aie pitié des spectres

Ta pitié est un cadeau à offrir
C'est la preuve que tu donnes ton attention
Alors donne la
Ne la gâche pas
Tu ne sais pas à qui elle peut faire plaisir
Et à qui elle peut donner un sourire.

Secret

Les secrets les mieux gardés
Ne seront jamais dévoilés
Jamais on ne connaîtra leur nature
Il faudrait d'abord savoir qu'ils existent
Et s'il y en a qui subsistent

Nos secrets à nous sont sécurisés
Et c'est le silence qu'il faut acheter
Plus il y a de gardien
Moins de pouvoir tu détiens
Tes secrets mieux vaut ne pas les dire
Si tu ne veux pas souffrir

Ne dis rien garde tout pour toi
Ne fais pas le fou si tu veux être roi
Tu vas perdre la partie avant de pouvoir jouer
Garde tes pions sans rien révéler
Monte en haut de ta tour
Et vois les cris de ton coeur dans le vide des
jours.

Trahison

La trahison est douloureuse
D'autant plus si elle vient d'un ami
Les promesses sont si précieuses
Si on peut espérer qu'elles tiennent à vie

Trahir la confiance de quelqu'un
Te rabaisse à un moins que rien
Les hommes se font confiance
Donc n'instaure pas la méfiance

Le choix te revient encore
Fais le bon et attention
Car elle ne préviendra pas de son intervention
La trahison peut aussi te faire du tort.

Déception

Tu y croyais plus que tout
Tu pensais que cela suffirait surtout
Mais à la fin ton espoir reste-t-il debout ?
Ou s'effondre-t-il simplement dans la boue ?

Encore une fois la déception prend place
Elle forge son abri, sa maison, son palace
Elle déloge ton espoir qu'elle remplace
Elle n'en laisse aucune trace

Ça y est elle est bien là
Preuve que ton espoir ne reviendra pas
Tes lointains désirs que tu regrettes déjà
Finalement baisseras-tu les bras ?

Regret

Tu as sûrement agi sans réfléchir
Et maintenant tu regrettes
Tu maudis le toi qui vient d'agir
Et chacun de ses gestes

Tu as beau regretter
Tu ne peux rien changer
Le mal est déjà fait
Et on ne peut changer le passé

Essaie de tourner la page
La prochaine fois restes calme et sois sage
Avant de commettre l'irréparable
Et d'apparaître comme un minable.

Violence

Comme des envies de violence
Même si ce n'est pas une science
Tu sais ce qu'il y a dans ta tête
Tu as envie de leur faire leur fête

Tes envies de frapper sont bien présentes
Tes instincts ne sont que des images
rémanentes
Les actes sont déjà faits
La violence a déjà gagné

Tu as succombé trop facilement
Preuve que tu n'as pas cherché à résister
Tu as agi sans y avoir pensé
Et tu regrettes déjà sûrement.

Temps

Les minutes défilent et le temps passe
Chaque instant fuit et tout trépasse
De l'espoir ne reste aucune trace
Seules les poussières que l'on ramasse
Avant de disparaître dans l'espace

La vue qui se trouble au loin
Ma vie s'écoule j'en suis témoin
On ne vit que pour résoudre nos besoins
Et le bonheur vient de moins en moins
On se bat pour avoir les meilleurs soins

De toute évidence la vie s'arrête ici
Certains ont même pris des raccourcis
Rien ne sert de continuer les acrobaties
Regarde au bout du tunnel l'éclaircie
Voilà le résultat d'une vie sans sursis.

Solitude

Seul avec moi-même
Il n'y a que moi que j'aime
C'est la solitude qui m'emmène
Plus personne autour de mes poèmes

La solitude m'accompagne là où je vais
Elle dessine mon visage et ses traits
De ses longs doigts de fée
Qui écorchent mes pensées

Chacun me laisse et m'abandonne
Sans que je ne puisse changer la donne
Et ce vacarme muet qui résonne
Dans ma tête comme une cloche qui sonne

Je suis seul et solitaire
Je marche seul quand je prends l'air
Je ris seul dans ma chaumière
Même dans la mort personne ne m'enterre.

Maladie

Ce qui la caractérise le mieux
C'est la perte des cheveux
Qui semblent tomber tout droit des cieux
Et qui transforme les rires en pleurs
malheureux

On voit la faiblesse malgré le courage
De tous ceux qui l'ont et leur rage
La rage de vaincre et de tourner la page
Mais la maladie les met en nage

Le cancer les emporte les uns après les autres
Sans prévenir il nous guette comme un traître
Impossible pour nous de le combattre
Véritable enfer qui s'abat comme un désastre.

Folie

N'en déplaise aux ignorants
La folie c'est drôle, c'est marrant
Regardez les s'inventer des récits passionnants
Les fous rient tous en cœur tout en chantant
Ils prennent leur vie comme des toboggans
Foncent dans les vagues, les torrents
La folie divague elle n'en a plus pour
longtemps
Reconnue comme maladie sans médicament
Les fous n'en ont pas besoin pourtant
Peu importe le modèle ils suivent le ralliement
Tous derrière un drapeau, un signe, un chant
Qu'ils arborent sans le savoir mais fièrement

De nombreuses personnes les mettent dans des
cases
Comme mis en cellule à Alcatraz
Les fous eux sont en extase
Émerveillés de voir le ciel que la folie embrase
Lever les yeux leur suffit pour voir un pégase
Venu les libérer de cette mauvaise phase
Et s'envolent tout droit dans un monde sans
base.

Mémoire

J'ai assez de souvenirs
Pour boire mon café tout seul
J'ai assez de sourires
Que l'odeur des tilleuls
De mon âme satyre
Enveloppée d'un linceul

Je ris de ma mémoire
Qui me fait tant défaut
Comme un grand trou noir
Logé tout là-haut
Je ressens le désespoir
De mes souvenirs au cachot

Mon café est fini
Et maintenant tout revient
Ça y est je revis
Je sais qu'ils sont miens
Ras-le-bol de cette maladie
À jamais cela m'appartient.

Oubli

Il fait noir, tout noir
Dans ta tête plus rien qui ne fasse valoir
Plus rien de valeur dans ta mémoire
Ils sont bien vides tous tes tiroirs

Rien ne sert de courir tu as tout oublié
Rien ne sert de chercher tu ne vas pas te
rappeler
Rien ne sert d'essayer tu t'es toi-même saboté
Rien ne sert d'expliquer c'est toi-même qui as
échoué

Au fond de ton âme tu te censures
Moi-même je le sais que c'est dur
Mais ne t'inquiète pas je t'assure
Tu oublieras vite j'en suis sûr.

Absence

Il te manque pas vrai ?
Son absence te pèse est-ce la vérité ?
Sa disparition fait de toi son prisonnier
Dans ta prison de fer que tu ne peux ronger

Absence, absence dis-moi :
Reviendra-t-il comme un roi ?
A-t-il au-dessus de lui un toit ?
Ou a-t-il péri dans un beau drap de soie ?

Son absence me pèse aussi et me terrifie
Puis-je vraiment vivre sans lui ?
Aucun doute que je ne le puis
Son seul souvenir me hantera toute ma vie.

Peur

On peut guérir du mal, mais pas de la peur
Elle rentre en nous en toutes situations
La peur de tout perdre fait trembler nos
passions
Et déstabilise même les plus grands rêveurs

Comme un venin dans le corps
Incapable de bouger
Nous sommes tous paralysés
C'est un duel à qui sera le plus fort

Si difficile à vaincre
Mais pas impossible
Ta victoire est accessible
Il n'y a que toi que tu dois convaincre.

Détresse

Un vent de panique parcourt ton corps
Il s'intensifie un peu plus près de la mort
Tu ne peux le contrôler, il t'ignore
Impossible de vivre avec lui en accord

Ce mistral qui te glace et te stresse
Tu ne ressens plus que la détresse
Rien à faire il te blesse
Sans que jamais tu ne te confesses

Prisonnier de tes propres pensées
Tu es ton propre gardien et tu le sais
Malgré tout tu restes enfermé
Trop apeuré à l'idée que quelqu'un puisse
t'aider.

Suicide

La goutte d'eau qui tombe de la feuille
Les feuilles mortes posées sur le seuil
La forêt nous réserve un sombre accueil
Quelques milliers d'âmes en deuil
Qui referment leur cercueil

La vie les a quittés subitement
Mais c'est leur choix qui a fait venir la mort
rapidement
Chaque décision fut prise sans enchantement
Triste réalité qui se dessine maintenant

Ils ne reviendront pas c'est fini
À jamais ils ont mis fin à leur vie
La mort est plus chaleureuse mais à quel prix ?
Le suicide emportera bientôt plus que les
maladies
Que reposent en paix ceux qui sont partis.

Mort

Fin de la vie mais début d'une autre
Fatal destin sans couleur
Funeste sort pour chaque être vivant
Cri libérateur qui sort du coeur
Qui s'éteint peu à peu sans douleur
À l'approche de la vie la mort suit
Inévitablement comme un fardeau
Et le ciel bleu tourne au gris
Une valse tout seul avec soi-même
Pour contempler une dernière fois sa vie
Jusqu'au dernier souffle on sourit
Fier de chaque instant passé
Et sans devenir
Le fil d'argent est coupé
Et on ne peut revenir
Jusqu'au trépas pour finir
Rejoindre une famille qui n'est que souvenirs.

Fatalité

La fatalité se vit comme un arrêt de toute
chose
La fin brusque d'un monde en osmose
Le maître de la vie est un grand virtuose
Qui décide du destin et de ses causes

Il n'y a pas de marche arrière on fonce dans le
mur
La vie s'écoule indépendamment de notre
volonté
Le présent va trop vite à coup sûr
Le soleil se lève que c'est déjà l'heure du thé

Notre futur nous rattrape
Et se superpose à notre passé
Notre présent dérape
La vie n'est que fatalité.

Corps

Un esprit sain dans un corps sain
Mais qu'en est-il du corps si l'esprit s'éteint ?
Le corps résiste-t-il ou n'est qu'une coquille
vide ?
Sans âme le corps est invalide
Sans coeur le corps s'endort
Dans un repos éternel et indolore
Sans que la boîte de Pandore ne s'ouvre
Le corps est las mais il se découvre
Impatient de se reconnaître
Mais il ne peut renaître.

2ème acte

Enfance
Réalité
Sens
Espoir
Pardon
Hasard
Magie
Éternel
Univers
Choix
Pensée
Pile

Enfance

Cette longue période de notre vie
Qui fabrique nos premiers souvenirs
Nous fait jouer, pleurer et rire
Nous apprend comment on survit

Dans un monde qui ne valorise pas l'enfance
Qui met les enfants à part dans la société
Sans prendre en compte leurs pensées
Et en assassinant leur indépendance

Les libertés des enfants sont rejetées
Trop jeunes et pas assez mûrs
Les enfants n'ont pas l'âge pour être acceptés
Leurs idées subissent la société et sa censure.

Réalité

Ouvre les yeux et vois la réalité
On me l'a tant répété
Et pourtant je n'écoute plus
Je garde mes rêves même superflus

Ils sont la meilleure chose qui puisse
Ils m'ouvrent la voie des abysses
Mais la réalité me rattrape
Alors je la fuis avant que tout ne dérape

Et je plonge au plus profond de moi-même
J'y retrouve mes rêves et poèmes
Seul moi sais ce qui est vrai
Dans mon monde et sa diversité.

Sens

Nos sens sont en éveil
Quand la vie nous réveille
Je sens, j'entends et je touche
Et des sons sortent de ma bouche

Je vois mon corps et ses merveilles
Et tout ça je l'ai sans difficulté
Même pas besoin que je le paye
Mes sens sont à moi pour l'éternité

Je les sens et ressens
M'ouvrant des portes inimaginables
Les portes du monde qui s'ouvrent en grand
Laissant mes sens voir le véritable.

Espoir

Gardons espoir, il nous fait vivre
Quand tu broies du noir il t'enivre
Tu sautes dans ses bras qui te délivrent
Et plonges dans les pages de ton livre

Que fais-tu s'il n'est pas là ?
Rien, tu t'en doutes
Tu n'arrives à rien si tu ne le possèdes pas
Et tu perds tous tes repères et ta route

Mais rassure toi il n'est jamais bien loin
Appelle-le et tu verras bien,
Dans ton coeur apparaître soudainement,
Te soulageant de tout ce qui te semble
irréalisable.

Pardon

On pardonne à qui sait pardonner
Mais savons-nous bien le faire ?
Comment prendre le coup de main ?
À force de faire des erreurs est-ce qu'on le
sait ?

Pardonner peut-être si difficile
L'échec des autres est dur à vivre
Quand il t'atteint de façon subtile
Et que tes sentiments te givrent

Certains y arrivent plus que d'autres
Se résigner à accepter les erreurs
Et le temps à prendre peut faire peur
Quand tu dois pardonner n'importe quelle
faute.

Hasard

Le hasard fait bien les choses
Avec lui aucune question ne se pose
Seul l'aléatoire est une cause
Il apporte les réponses aux mystères qui
s'imposent

Pile ou face comme choix ultime
Du résultat tu es la victime
C'est ta liberté que tu réprimes
Et ta possibilité de choix que tu supprimes

Mais peut-il forger ton destin ?
Le laisses-tu jusqu'au bout se faire un festin ?
Il ne va pas t'épargner si tu lui laisses du
terrain
Il va te grignoter sans qu'il ne reste plus rien.

Magie

Elle plane sur le monde fantastique
Elle imprègne le monde féerique
Mais inimaginable dans le monde physique
Elle garde ses airs de mystère antique
Et son aura mystique
Qui n'est peut-être qu'une manifestation
onirique
Ou simple illusion magique

La magie n'est que désir
Obsession dont on ne peut interagir
Fantasme aux mille plaisirs
Douceur d'une vie en devenir
Ou sévérité d'une âme en périr
Le doute à jamais survivra en satyre

Moquée de tous les réalistes
Qui n'ont plus leurs rêves fantaisistes
Et s'abandonnent à une vie triste.

Éternel

L'éternité impossible à atteindre
Comme un tableau impossible à peindre
Briser les limites, les enfreindre
Et tellement de monde pour le craindre

L'éternel si convoité
Étant au centre du monde entier
L'espoir de personnes qui ne font que rêver
Un péril infini vers l'éternité

L'éternel en rite de passage
Représentation du bon présage
Vers la place de Dieu l'Homme voyage
Sans destination précise pour son atterrissage.

Univers

L'univers est si grand et vaste
Sans début et fin
Chacun en son sein se contraste
Avec l'immensité qui se teint

D'une multitude d'étoiles
Qui scintillent dans le noir
Comme des points blancs sur une toile
Peints le premier jour et viennent le soir

Tant de choses dans l'univers
Tant de mystères à découvrir
Tant de choses qui nous sont étrangères
Et tellement d'espace à conquérir.

Choix

Sommes-nous libres de nos choix ?
Avons-nous ce pouvoir donné par la loi ?
Est-il fabriqué, va-t-il de soi ?
L'Homme par naissance est son propre roi

Est-il dominé par des pulsions instinctives ?
Est-il victime de pensées persévératives ?
Peut-il maîtriser ses humeurs agressives ?
Ou doit-il dériver sur une mer sans rive ?

Impossible de savoir si ses choix sont bons
Il court vers un destin noir profond
Sans savoir si la lumière éclairera sa raison
Et si elle illuminera ses ambitions.

Pensée

Les pensées tournent dans nos têtes
Elles tournent de plus en plus c'est la fête
Jusqu'au moment où tout s'arrête
Elles convergent toutes vers un point net

Cette idée fixe qui occupe tes pensées
Tu ne peux t'en séparer elle est là à jamais
Elle se développe sans s'arrêter
Tu ne peux y échapper

Bonne ou mauvaise tu l'as choisie
Elle fait maintenant parti de ta vie
Mais à tout moment tu peux changer d'avis
Remplacer tous tes acquis
Par un simple souffle d'esprit.

Pile

Tu joues avec les piles de ta vie
Mais tu n'auras bientôt plus de batterie
Tu as senti qu'il y avait de l'alchimie
Et tu t'es juste retrouvé dans l'amnésie
Dans ton cerveau c'est pire que l'anarchie
Et tu finis par perdre tout tes appuis.
Pour retrouver tes envies
Malgré ton idiotie
Tu tombes dans l'hypocrisie
Et ton hystérie
Se transforme en folie

Tu joues à pile ou face
Et maintenant tout s'efface
Attends que ça passe
Et retrouve ses traces
Ne perds pas la face
Augmente ton espace
Sors de ta carapace
Aie un peu d'audace
Peut-être que ça t'agace
Il y aura de la casse
Mais les menaces
Ne sont pas efficaces
Reste perspicace
Sors de cette impasse
Et vois à quel point tu te surpasses.

3ème acte

Admiration
Persévérance
Valeur
Désir
Rêve
Destin
Passion
Plaisir
Souvenirs
Famille
Amitié
Coeur
Âme
Vie
Livre
Moi
Toi

Admiration

Tu ne peux t'empêcher de la voir
Elle t'obsède et tu y penses tous les soirs
Sans jamais l'atteindre mais avec espoir
Tu lui ressembleras tu peux y croire

Tu te rabaisses sans cesse en te comparant
Ton admiration t'aveugle sur ton propre talent
Crois en toi et deviens ce que tu prétends
Surpasse tes rêves c'est le moment

Deviens le sujet de l'admiration
Fais de tes adversaires une illusion
Qui ne peuvent plus voir que ton sillon
C'est toi le roi de ta vie maintenant plus le
pion.

Persévérance

Pourquoi t'arrêtes-tu ?
Pourquoi te résignes-tu ?
Pourquoi abandonnes-tu ?
Tu ne te crois pas assez fort ?
Pas assez compétent ?
Pas assez performant ?
Tu doutes de tes capacités ?
Les autres t'ont dit que tu ne pouvais pas
Donc tu ne peux pas ?
Relève la tête
Aie confiance en toi
Ça ne tient qu'à toi
Tu es le seul à décider
Le seul à savoir si tu peux
Si tu en es capable
Retire les chaînes que tu as dans ta tête
Persévère et regarde
Les résultats arrivent
Laisse leur le temps
Laisse toi du temps
Rien ne presse
Si ton désir de vaincre est plus fort que tout
La persévérance est la clé de la réussite.

Valeur

À combien estimes-tu ta valeur ?
Que crois-tu valoir pour ce monde ?
Vas-y réfléchis n'aie pas peur
Tu te sous-estimes, reçois les bonnes ondes

Tu en fournis tout autant
Les autres ne voient que ça qui sortent de toi
Il faut se ressaisir en continuant
C'est important et tu en as le droit

Regarde tout le bonheur que tu crées
Ta valeur est si grande que tu ne peux l'estimer
Lâche-toi, souris et rigole
Cours, saute et vole
Ta valeur est si grande que tu as déjà tout
gagné.

Désir

Désir d'obtention
Volonté de détention
Envie d'accumulation
Besoin de possession

Laissons nos désirs s'exprimer
Laissons les prendre le contrôle de nos pensées
Ouvrons nous à nos désirs les plus étranges
Laissons la démesure qui dérange
Qu'importe l'issue fais toi plaisir
Rien ne vaut mieux qu'un bon rire

Crois-tu que la vie soit faite pour ne pas être
vécue ?
Va devant un miroir et mets toi à nu
Regarde la silhouette en face et dis moi que
vois-tu ?
Sûrement l'image de désirs qui ne demandent
qu'à être entendue.

Rêve

Faire de ses rêves des réalités
En voilà un bien bel espoir
Mais on peut y arriver
Quand on arrête de regarder dans le noir

Il faut ouvrir les yeux
Et se réveiller
Pour pouvoir exaucer nos vœux
Et les voir se réaliser

Agir et faire face
À chaque obstacle qui se dresse
Il faut que tu te surpasses
Tu n'es pas un chien en laisse.

Destin

Est-ce qu'on agit sur notre destin ou le subit-
on ?
Avons-nous une chance de déjouer les coups
du sort ?
Le futur est-il déjà tracé pour chacun de nous ?
Existe-t-il un moyen de connaître notre
destinée ?
Et si c'est le cas pouvons-nous la changer ?

Le destin nous est bien inaccessible
Comme une loi qui pourrait régir le monde
Instance éternelle et infinie
Qui décide à l'avance de qui nous serons

Mais qu'avons-nous à perdre à ne pas croire au
destin
Si nous décidons que nos actes font notre futur
La vie devient alors une aventure
Aux mille périples et voies inimaginables.

Passion

Mes passions m'entraînent
M'imprègnent chacune différemment
Font de moi un homme à part
Une identité qui me sépare
Poussé par ce mystérieux vent
Qui me libère de ces chaînes

Mes passions sont tout pour moi
Je suis elles et elles sont je
J'en profite c'est comme un jeu
Et ça repart comme à chaque fois

Mes passions je les vis avec passion
Car pour moi rien de plus important
Que de s'éclater et se lâcher
Profiter à fond de ses libertés
Suivre ses instincts à chaque instant
Et vivre avec folie sans faire attention.

Plaisir

Prends plaisir à la vie
Vois toutes ces belles choses
C'est ton moment fonce
Ne t'accroche pas aux ronces
Vois la vie en rose
Prends plaisir à regarder les fourmis

Prends le temps de ressentir
Rien ne te coûte de patienter
De voir les gens se promener
Ça ne te fera jamais souffrir

Ton plaisir est le plus important
Plus que tout à tes yeux
Comble tes plaisirs et tu seras heureux
Tu ne peux être que gagnant.

Souvenirs

Te souviens-tu de ces moments ?
Tes souvenirs les cachent-ils vraiment ?
Ne peux-tu plus éprouver ce sentiment ?
La joie qui t'envahit en te remémorant

As-tu perdu toute ta mémoire ?
Que vois-tu dans un miroir ?
Essaie un peu tous les soirs
Ferme les yeux et regarde le noir

Ce n'est qu'au fond de ton esprit
Qu'ils s'empilent tels les livres d'une librairie
Tu les tries un par un en catégories
Et petit à petit se remplit ta galerie
Enfin se reconstitue ta trésorerie.

Famille

Ta famille sera toujours là pour toi
Même sans la choisir tu l'aimes naturellement
Si tu es dans le besoin elle t'offre un toit
Si tu réussis tu seras leur fierté évidemment

Plus que ça la famille passe avant tout
Lorsqu'un membre tombe les autres le relèvent
Tous unis jusqu'au bout
Apprends d'eux, grandis et regarde la relève

Soit fier de ton appartenance
Le même sang coule dans vos veines
Ils te connaissent depuis ton enfance
Alors écoute-les, aucune de leurs paroles n'est
vaines.

Amitié

Il sera toujours là pour toi
Et tu le lui rends bien ça va de soi
Entre amis c'est la base pas le choix
C'est le premier à tendre la main si tu te noies

Rien n'arrête un bon ami
Que de bons souvenirs avec lui
Aucun repos ni accalmie
Si tu disparais il sera le premier anéanti

L'amitié que tu éprouves pour cette personne
Ce sentiment unique qui t'ordonne
Que pour rien au monde tu ne l'abandonnes
Grâce à lui jamais ta vie ne pourra être
monotone.

Coeur

Le coeur a ses raisons, que la raison ignore,
Mais le coeur malgré ses malheurs te remplit
d'or,
Jusqu'à la fin il repoussera la mort.
Le sentiment d'amour est son plus grand trésor
Incompréhensible mécanisme aux multiples
décors.

Seul à prendre les décisions sentimentales,
Il s'évertue à construire un réseau social
Et pourtant aussi fragile qu'un beau cristal
Il est toujours associé au mental,
Avec les deux le corps devient spécial

L'un sans l'autre est tout déraille
Alors les rouages sont souvent sans faille
Tous roulent à fond, ça travaillent
Rien n'est laissé au hasard, aucun détail
Le coeur est pour le corps un grand
gouvernail.

Âme

Âme, amant, amour
Âme d'un corps de velours
Amant d'une vie et de toujours
Amour fragile mais sans détour

Âme, drame, lame
Âme d'un corps qui s'enflamme
Drame d'une vie sans rame
Lame fragile et infâme

Âme, pensée, corps
Âme d'un corps en plein essor
Pensée d'une vie en or
Corps fragile mais sans remords.

Vie

Nous sommes vivants
Nous jouissons de la vie
La mort arrive mais peu importe
Toutes voiles dehors le vent nous porte
Passons le cap le bateau avance
Nouvelle escale quelques uns montent
Pendant que l'on descend ceux qui ont fini le voyage
Et ceux qui ont le mal de mer sautent du navire
Mais il ne s'arrête pas pour les secourir
Le bateau vogue à toute allure
Tous vers un objectif inconnu
La vie est précieuse alors profite du voyage
L'aventure est en marche
Au prochain arrêt regarde qui monte
Peut-être ton âme-sœur pour suivre ta route
Change de bateau si tu en doutes
Respire l'air
Souffle à pleins poumons
Prends garde aux vagues
Le calme est toujours avant la tempête
Mais il y a toujours un arc-en-ciel au milieu du typhon
Ne perds pas le nord tiens bien la barre
Tu es le capitaine de ton propre voilier
Toi seul choisis le chemin que tu suis
Regarde à ta droite c'est le Titanic
Toi tu sais ce qu'il va devenir

Alors fais bien attention à la glace
Déjà que le trajet te semble compliqué
La route du bonheur est remplie de malheurs
Mais continue et tu verras
Traverse tous les océans
Jusqu'au soleil levant
Dernière escale c'est toi qui descends
La vie est belle et tu en as bien profité
Elle fût dure et pas toujours saine
La mort est la plus belle
Des maladies humaines.

Livre

La plume sur le papier
La chaleur du vent d'été
Qui caresse l'encre séchée
Sur les pages du livre terminé

Accomplissement de celui qui l'écrit
Rêves et passions enfin aboutis
Fierté d'avoir comblé son envie
Et de ses premières ventes il se réjouit

Il sort alors d'un pas déterminé
Il va voir s'il est là, s'il a été placé
Comme un livre à pouvoir acheter
Il le voit et se félicite d'avoir été publié

Il se donne son propre avis
Se rappelle des premiers instants de son défi
Enfin l'aventure est finie
Peut-être le début d'une autre qui commence
ici.

Moi

Moi qui écris ce poème
Moi qui écris ces quelques vers
Moi qui les jette sur ce papier
Moi qui jette mes propres pensées

J'espère et je fuis
Je me perds dans mes rêves
Me retrouve dans ces strophes
M'accroche à ces lignes

Lettres après lettres je renais
De la plume renaît le poète
Du poète renaît le poème
Du poème renaissent les rêves
Des rêves renaissent mes espoirs

Enfin je lâche prise
Je me noie dans ma folle écriture
Ivre d'attente
Convaincu du pouvoir de mes rêves.

Toi

Au fond que cherches-tu ?
Pose-toi la question
Et réponds-y honnêtement
Une fois que tu auras trouvé la réponse
Même en mentant à ton entourage
Tu sauras
Et peu importe ce qu'on pourra te faire croire
Peu importe ce que tu pourras te dire
Au fond de toi-même tu sauras
Et cela fait toute la différence
Dans ton esprit même en essayant de te
convaincre l'inverse
Ça restera ancré
La réponse que tu auras trouvé restera pour
toujours
Même en essayant de te la cacher
Elle ne reviendra que plus vite
Plus fort
Cette envie de réalisation
Cette envie d'accomplissement
Tu l'as toi aussi
Et tu veux l'atteindre
Tu veux prouver à tout le monde
Et te prouver que tu en es capable
Que tu es prêt à tout pour ça
Tu veux qu'on reconnaisse ton travail
Tu as un besoin de reconnaissance naturelle
Mais qu'es-tu prêt à faire pour y accéder ?

Et est-ce vraiment ce que tu recherches ?
Est-ce que tu ne te mens pas à toi-même ?
Est-ce que tu es sûr de tes choix et de l'objectif
que tu veux atteindre ?
Remets-toi en question constamment
Garde tes principes, tes valeurs, tes pulsions
Ne change pas pour quelques personnes
Tu es toi alors fais ce qui te correspond
Redéfinis tes propres lois internes s'il le faut
Mais garde le cap
Toi seul sais ce qui est bon pour toi
Toi seul sais exactement ce qui peut te motiver
Toi seul es capable de réaliser le rêve qui est
tien.